Logbog for havebrug

Denne bog hører til:

Logbog til havearbejde er en fantastisk måde at holde styr på dine mål med havearbejdet på for begyndere og erfarne gartnere.

Logbog for havebrug

Navn	Placering
Leverandør	Pris

Videnskabelig klasse

Vegetabilske	○	Frugt
Urt	○	Blomst
Busk	○	Træ
Årlig	○	Toårig
Flerårig	○	Frøplante

Dato

Spiret

Plantet

Høstet

Lysniveau

Sol

Delvis sol

Skygge

Andre

Startet fra

Frø

Plante

Bedømmelse

Størrelse	○ ○ ○ ○ ○
Farve	○ ○ ○ ○ ○
Smag	○ ○ ○ ○ ○

Gødningsstoffer
og udstyr

Vandkrav

0%
mindre

Plejeanvisninger

Plantningsanvisninger

Yderligere
bemærkninger

Logbog for havebrug

Navn

Placering

Leverandør

Pris

Videnskabelig klasse

Vegetabilske	◯	Frugt
Urt	◯	Blomst
Busk	◯	Træ
Årlig	◯	Toårig
Flerårig	◯	Frøplante

Dato

Spiret

Plantet

Høstet

Lysniveau

Sol

Delvis sol

Skygge

Andre

Startet fra

Frø

Plante

Bedømmelse

Størrelse	◯◯◯◯◯
Farve	◯◯◯◯◯
Smag	◯◯◯◯◯

Gødningsstoffer og udstyr	Vandkrav

0%
mindre

Plejeanvisninger	Plantningsanvisninger

Yderligere bemærkninger

Logbog for havebrug

Navn	Placering

Leverandør	Pris

Videnskabelig klasse

Vegetabilske	◯	Frugt
Urt	◯	Blomst
Busk	◯	Træ
Årlig	◯	Toårig
Flerårig	◯	Frøplante

Dato

Spiret

Plantet

Høstet

Lysniveau

Sol

Delvis sol

Skygge

Andre

Startet fra

Frø

Plante

Bedømmelse

Størrelse	◯◯◯◯◯
Farve	◯◯◯◯◯
Smag	◯◯◯◯◯

Gødningsstoffer og udstyr	Vandkrav

0%
mindre

Plejeanvisninger	Plantningsanvisninger

Yderligere bemærkninger	

Logbog for havebrug

Navn	Placering

Leverandør	Pris

Videnskabelig klasse

Vegetabilske	○	Frugt
Urt	○	Blomst
Busk	○	Træ
Årlig	○	Toårig
Flerårig	○	Frøplante

Dato

Spiret	
Plantet	
Høstet	

Lysniveau

Sol
Delvis sol
Skygge
Andre

Startet fra

Frø
Plante

Bedømmelse

Størrelse	○○○○○
Farve	○○○○○
Smag	○○○○○

Gødningsstoffer
og udstyr
Vandkrav
0%
mindre
Plejeanvisninger
Plantningsanvisninger
Yderligere
bemærkninger

Logbog for havebrug

Navn	Placering

Leverandør	Pris

Videnskabelig klasse

Vegetabilske	○	Frugt
Urt	○	Blomst
Busk	○	Træ
Årlig	○	Toårig
Flerårig	○	Frøplante

Dato

Spiret

Plantet

Høstet

Lysniveau

Sol

Delvis sol

Skygge

Andre

Startet fra

Frø

Plante

Bedømmelse

Størrelse	○○○○○
Farve	○○○○○
Smag	○○○○○

Gødningsstoffer
og udstyr

Vandkrav

0%
mindre

Plejeanvisninger

Plantningsanvisninger

Yderligere
bemærkninger

Logbog for havebrug

Navn

Placering

Leverandør

Pris

Videnskabelig klasse

Vegetabilske	○	Frugt
Urt	○	Blomst
Busk	○	Træ
Årlig	○	Toårig
Flerårig	○	Frøplante

Dato

Spiret

Plantet

Høstet

Lysniveau

Sol

Delvis sol

Skygge

Andre

Startet fra

Frø

Plante

Bedømmelse

Størrelse ○○○○○

Farve ○○○○○

Smag ○○○○○

Gødningsstoffer
og udstyr

Vandkrav

0%
mindre

Plejeanvisninger

Plantningsanvisninger

Yderligere
bemærkninger

Logbog for havebrug

<table>
<tr><td>Navn</td><td>Placering</td></tr>
<tr><td>Leverandør</td><td>Pris</td></tr>
</table>

Videnskabelig klasse

Vegetabilske	○	Frugt
Urt	○	Blomst
Busk	○	Træ
Årlig	○	Toårig
Flerårig	○	Frøplante

Dato

Spiret

Plantet

Høstet

Lysniveau

Sol

Delvis sol

Skygge

Andre

Startet fra

Frø

Plante

Bedømmelse

Størrelse	○○○○○
Farve	○○○○○
Smag	○○○○○

Gødningsstoffer
og udstyr

Vandkrav

0%
mindre

Plejeanvisninger

Plantningsanvisninger

Yderligere
bemærkninger

Logbog for havebrug

Navn	Placering
Leverandør	Pris

<table>
<tr><td colspan="2" align="center">Videnskabelig klasse</td></tr>
<tr><td>Vegetabilske ○</td><td>Frugt</td></tr>
<tr><td>Urt ○</td><td>Blomst</td></tr>
<tr><td>Busk ○</td><td>Træ</td></tr>
<tr><td>Årlig ○</td><td>Toårig</td></tr>
<tr><td>Flerårig ○</td><td>Frøplante</td></tr>
</table>

Dato	Lysniveau
Spiret	Sol
Plantet	Delvis sol
Høstet	Skygge
	Andre

Startet fra	Bedømmelse
Frø	Størrelse ○○○○○
Plante	Farve ○○○○○
	Smag ○○○○○

Gødningsstoffer
og udstyr

Vandkrav

0%
mindre

Plejeanvisninger

Plantningsanvisninger

Yderligere
bemærkninger

Logbog for havebrug

Navn	Placering

Leverandør	Pris

Videnskabelig klasse

Vegetabilske	○	Frugt
Urt	○	Blomst
Busk	○	Træ
Årlig	○	Toårig
Flerårig	○	Frøplante

Dato

Spiret

Plantet

Høstet

Lysniveau

Sol

Delvis sol

Skygge

Andre

Startet fra

Frø

Plante

Bedømmelse

Størrelse	○○○○○
Farve	○○○○○
Smag	○○○○○

Gødningsstoffer
og udstyr

Vandkrav

0%
mindre

Plejeanvisninger

Plantningsanvisninger

Yderligere
bemærkninger

Logbog for havebrug

| Navn | | Placering | |
| Leverandør | | Pris | |

Videnskabelig klasse

Vegetabilske	○	Frugt
Urt	○	Blomst
Busk	○	Træ
Årlig	○	Toårig
Flerårig	○	Frøplante

Dato

Spiret

Plantet

Høstet

Lysniveau

Sol

Delvis sol

Skygge

Andre

Startet fra

Frø

Plante

Bedømmelse

Størrelse	○○○○○
Farve	○○○○○
Smag	○○○○○

Gødningsstoffer
og udstyr

Vandkrav

0%
mindre

Plejeanvisninger

Plantningsanvisninger

Yderligere
bemærkninger

Logbog for havebrug

Navn	Placering

Leverandør	Pris

Videnskabelig klasse

Vegetabilske	◯	Frugt
Urt	◯	Blomst
Busk	◯	Træ
Årlig	◯	Toårig
Flerårig	◯	Frøplante

Dato	Lysniveau
Spiret	Sol
Plantet	Delvis sol
	Skygge
Høstet	Andre

Startet fra	Bedømmelse
Frø	Størrelse ◯◯◯◯◯
Plante	Farve ◯◯◯◯◯
	Smag ◯◯◯◯◯

Gødningsstoffer
og udstyr

Vandkrav

0%
mindre

Plejeanvisninger

Plantningsanvisninger

Yderligere
bemærkninger

Logbog for havebrug

Navn

Placering

Leverandør

Pris

Videnskabelig klasse

Vegetabilske	○	Frugt
Urt	○	Blomst
Busk	○	Træ
Årlig	○	Toårig
Flerårig	○	Frøplante

Dato

Spiret

Plantet

Høstet

Lysniveau

Sol

Delvis sol

Skygge

Andre

Startet fra

Frø

Plante

Bedømmelse

Størrelse ○○○○○

Farve ○○○○○

Smag ○○○○○

Gødningsstoffer
og udstyr

Vandkrav

0%
mindre

Plejeanvisninger

Plantningsanvisninger

Yderligere
bemærkninger

Logbog for havebrug

Navn	Placering
Leverandør	Pris

Videnskabelig klasse

Vegetabilske	○	Frugt
Urt	○	Blomst
Busk	○	Træ
Årlig	○	Toårig
Flerårig	○	Frøplante

Dato

Spiret

Plantet

Høstet

Lysniveau

Sol

Delvis sol

Skygge

Andre

Startet fra

Frø

Plante

Bedømmelse

Størrelse	○○○○○
Farve	○○○○○
Smag	○○○○○

Gødningsstoffer
og udstyr

Vandkrav

0%
mindre

Plejeanvisninger

Plantningsanvisninger

Yderligere
bemærkninger

Logbog for havebrug

Navn	Placering

Leverandør	Pris

Videnskabelig klasse

Vegetabilske	○	Frugt
Urt	○	Blomst
Busk	○	Træ
Årlig	○	Toårig
Flerårig	○	Frøplante

Dato

Spiret

Plantet

Høstet

Lysniveau

Sol

Delvis sol

Skygge

Andre

Startet fra

Frø

Plante

Bedømmelse

Størrelse	○○○○○
Farve	○○○○○
Smag	○○○○○

Gødningsstoffer og udstyr

Vandkrav

0%
mindre

Plejeanvisninger

Plantningsanvisninger

Yderligere bemærkninger

Logbog for havebrug

Navn

Placering

Leverandør

Pris

Videnskabelig klasse

Vegetabilske	○	Frugt
Urt	○	Blomst
Busk	○	Træ
Årlig	○	Toårig
Flerårig	○	Frøplante

Dato

Spiret

Plantet

Høstet

Lysniveau

Sol

Delvis sol

Skygge

Andre

Startet fra

Frø

Plante

Bedømmelse

Størrelse ○○○○○

Farve ○○○○○

Smag ○○○○○

Gødningsstoffer
og udstyr

Vandkrav

0%
mindre

Plejeanvisninger

Plantningsanvisninger

Yderligere
bemærkninger

Logbog for havebrug

Navn

Placering

Leverandør

Pris

Videnskabelig klasse

Vegetabilske	○	Frugt
Urt	○	Blomst
Busk	○	Træ
Årlig	○	Toårig
Flerårig	○	Frøplante

Dato

Spiret

Plantet

Høstet

Lysniveau

Sol

Delvis sol

Skygge

Andre

Startet fra

Frø

Plante

Bedømmelse

Størrelse ○○○○○

Farve ○○○○○

Smag ○○○○○

Gødningsstoffer
og udstyr

Vandkrav

0%
mindre

Plejeanvisninger

Plantningsanvisninger

Yderligere
bemærkninger

Logbog for havebrug

Navn	Placering

Leverandør	Pris

Videnskabelig klasse

Vegetabilske	○	Frugt
Urt	○	Blomst
Busk	○	Træ
Årlig	○	Toårig
Flerårig	○	Frøplante

Dato

Spiret

Plantet

Høstet

Lysniveau

Sol

Delvis sol

Skygge

Andre

Startet fra

Frø

Plante

Bedømmelse

Størrelse	○○○○○
Farve	○○○○○
Smag	○○○○○

Gødningsstoffer og udstyr

Vandkrav

0%
mindre

Plejeanvisninger

Plantningsanvisninger

Yderligere bemærkninger

Logbog for havebrug

Navn		Placering	
Leverandør		Pris	

Videnskabelig klasse

Vegetabilske	○	Frugt
Urt	○	Blomst
Busk	○	Træ
Årlig	○	Toårig
Flerårig	○	Frøplante

Dato

Spiret

Plantet

Høstet

Lysniveau

Sol

Delvis sol

Skygge

Andre

Startet fra

Frø

Plante

Bedømmelse

Størrelse	○○○○○
Farve	○○○○○
Smag	○○○○○

Gødningsstoffer
og udstyr

Vandkrav

0%
mindre

Plejeanvisninger

Plantningsanvisninger

Yderligere
bemærkninger

Logbog for havebrug

Navn

Placering

Leverandør

Pris

Videnskabelig klasse

Vegetabilske ○ Frugt

Urt ○ Blomst

Busk ○ Træ

Årlig ○ Toårig

Flerårig ○ Frøplante

Dato

Spiret

Plantet

Høstet

Lysniveau

Sol

Delvis sol

Skygge

Andre

Startet fra

Frø

Plante

Bedømmelse

Størrelse ○○○○○

Farve ○○○○○

Smag ○○○○○

Gødningsstoffer
og udstyr

Vandkrav

0%
mindre

Plejeanvisninger

Plantningsanvisninger

Yderligere
bemærkninger

Logbog for havebrug

Navn	Placering
Leverandør	Pris

Videnskabelig klasse

Vegetabilske	○	Frugt
Urt	○	Blomst
Busk	○	Træ
Årlig	○	Toårig
Flerårig	○	Frøplante

Dato

Spiret

Plantet

Høstet

Lysniveau

Sol

Delvis sol

Skygge

Andre

Startet fra

Frø

Plante

Bedømmelse

Størrelse	○○○○○
Farve	○○○○○
Smag	○○○○○

Gødningsstoffer og udstyr

Vandkrav

0%
mindre

Plejeanvisninger

Plantningsanvisninger

Yderligere bemærkninger

Logbog for havebrug

Navn	Placering

Leverandør	Pris

Videnskabelig klasse

Vegetabilske	○	Frugt
Urt	○	Blomst
Busk	○	Træ
Årlig	○	Toårig
Flerårig	○	Frøplante

Dato

Spiret

Plantet

Høstet

Lysniveau

Sol

Delvis sol

Skygge

Andre

Startet fra

Frø

Plante

Bedømmelse

Størrelse	○○○○○
Farve	○○○○○
Smag	○○○○○

Gødningsstoffer
og udstyr

Vandkrav

0%
mindre

Plejeanvisninger

Plantningsanvisninger

Yderligere
bemærkninger

Logbog for havebrug

Navn		Placering
Leverandør		Pris

Videnskabelig klasse

Vegetabilske	◯	Frugt
Urt	◯	Blomst
Busk	◯	Træ
Årlig	◯	Toårig
Flerårig	◯	Frøplante

Dato

Spiret	
Plantet	
Høstet	

Lysniveau

Sol

Delvis sol

Skygge

Andre

Startet fra

Frø

Plante

Bedømmelse

Størrelse	◯◯◯◯◯
Farve	◯◯◯◯◯
Smag	◯◯◯◯◯

Gødningsstoffer
og udstyr

Vandkrav

0%
mindre

Plejeanvisninger

Plantningsanvisninger

Yderligere
bemærkninger

Logbog for havebrug

Navn	Placering

Leverandør	Pris

Videnskabelig klasse

Vegetabilske	○	Frugt
Urt	○	Blomst
Busk	○	Træ
Årlig	○	Toårig
Flerårig	○	Frøplante

Dato

Spiret

Plantet

Høstet

Lysniveau

Sol

Delvis sol

Skygge

Andre

Startet fra

Frø

Plante

Bedømmelse

Størrelse	○○○○○
Farve	○○○○○
Smag	○○○○○

Gødningsstoffer
og udstyr

Vandkrav

0%
mindre

Plejeanvisninger

Plantningsanvisninger

Yderligere
bemærkninger

Logbog for havebrug

<table>
<tr><td>Navn</td><td>Placering</td></tr>
<tr><td>Leverandør</td><td>Pris</td></tr>
</table>

Videnskabelig klasse

Vegetabilske	○	Frugt
Urt	○	Blomst
Busk	○	Træ
Årlig	○	Toårig
Flerårig	○	Frøplante

Dato

Spiret

Plantet

Høstet

Lysniveau

Sol

Delvis sol

Skygge

Andre

Startet fra

Frø

Plante

Bedømmelse

Størrelse	○○○○○
Farve	○○○○○
Smag	○○○○○

Gødningsstoffer og udstyr

Vandkrav

0%
mindre

Plejeanvisninger

Plantningsanvisninger

Yderligere bemærkninger

Logbog for havebrug

Navn	Placering

Leverandør	Pris

Videnskabelig klasse

Vegetabilske	◯	Frugt
Urt	◯	Blomst
Busk	◯	Træ
Årlig	◯	Toårig
Flerårig	◯	Frøplante

Dato

Spiret

Plantet

Høstet

Lysniveau

Sol

Delvis sol

Skygge

Andre

Startet fra

Frø

Plante

Bedømmelse

Størrelse	◯◯◯◯◯
Farve	◯◯◯◯◯
Smag	◯◯◯◯◯

Gødningsstoffer og udstyr	Vandkrav

0%
mindre

Plejeanvisninger	Plantningsanvisninger

Yderligere bemærkninger

Logbog for havebrug

Navn

Placering

Leverandør

Pris

Videnskabelig klasse

Vegetabilske	○	Frugt
Urt	○	Blomst
Busk	○	Træ
Årlig	○	Toårig
Flerårig	○	Frøplante

Dato

Spiret

Plantet

Høstet

Lysniveau

Sol

Delvis sol

Skygge

Andre

Startet fra

Frø

Plante

Bedømmelse

Størrelse ○○○○○

Farve ○○○○○

Smag ○○○○○

Gødningsstoffer og udstyr

Vandkrav

0%
mindre

Plejeanvisninger

Plantningsanvisninger

Yderligere bemærkninger

Logbog for havebrug

<table>
<tr><td>Navn</td><td>Placering</td></tr>
<tr><td>Leverandør</td><td>Pris</td></tr>
</table>

Videnskabelig klasse

Vegetabilske	○	Frugt
Urt	○	Blomst
Busk	○	Træ
Årlig	○	Toårig
Flerårig	○	Frøplante

Dato		Lysniveau
Spiret		Sol
Plantet		Delvis sol
		Skygge
Høstet		Andre

Startet fra		Bedømmelse
Frø		Størrelse ○○○○○
Plante		Farve ○○○○○
		Smag ○○○○○

Gødningsstoffer
og udstyr

Vandkrav

0%
mindre

Plejeanvisninger

Plantningsanvisninger

Yderligere
bemærkninger

Logbog for havebrug

Navn		Placering	
Leverandør		Pris	

Videnskabelig klasse

Vegetabilske	○	Frugt
Urt	○	Blomst
Busk	○	Træ
Årlig	○	Toårig
Flerårig	○	Frøplante

Dato

Spiret

Plantet

Høstet

Lysniveau

Sol

Delvis sol

Skygge

Andre

Startet fra

Frø

Plante

Bedømmelse

Størrelse	○○○○○
Farve	○○○○○
Smag	○○○○○

Gødningsstoffer
og udstyr

Vandkrav

0%
mindre

Plejeanvisninger

Plantningsanvisninger

Yderligere
bemærkninger

Logbog for havebrug

Navn	Placering

Leverandør	Pris

Videnskabelig klasse

Vegetabilske	○	Frugt
Urt	○	Blomst
Busk	○	Træ
Årlig	○	Toårig
Flerårig	○	Frøplante

Dato

Spiret

Plantet

Høstet

Lysniveau

Sol

Delvis sol

Skygge

Andre

Startet fra

Frø

Plante

Bedømmelse

Størrelse	○○○○○
Farve	○○○○○
Smag	○○○○○

Gødningsstoffer og udstyr

Vandkrav

0%
mindre

Plejeanvisninger

Plantningsanvisninger

Yderligere bemærkninger

Logbog for havebrug

Navn	Placering
Leverandør	Pris

Videnskabelig klasse

Vegetabilske	○	Frugt
Urt	○	Blomst
Busk	○	Træ
Årlig	○	Toårig
Flerårig	○	Frøplante

Dato

Spiret	
Plantet	
Høstet	

Lysniveau

Sol	
Delvis sol	
Skygge	
Andre	

Startet fra

Frø	
Plante	

Bedømmelse

Størrelse	○○○○○
Farve	○○○○○
Smag	○○○○○

**Gødningsstoffer
og udstyr**

Vandkrav

0%
mindre

Plejeanvisninger

Plantningsanvisninger

**Yderligere
bemærkninger**

Logbog for havebrug

Navn	Placering

Leverandør	Pris

Videnskabelig klasse

Vegetabilske	○	Frugt
Urt	○	Blomst
Busk	○	Træ
Årlig	○	Toårig
Flerårig	○	Frøplante

Dato

Spiret

Plantet

Høstet

Lysniveau

Sol

Delvis sol

Skygge

Andre

Startet fra

Frø

Plante

Bedømmelse

Størrelse	○○○○○
Farve	○○○○○
Smag	○○○○○

Gødningsstoffer og udstyr

Vandkrav

0%
mindre

Plejeanvisninger

Plantningsanvisninger

Yderligere bemærkninger

Logbog for havebrug

Navn	Placering

Leverandør	Pris

Videnskabelig klasse

Vegetabilske	○	Frugt
Urt	○	Blomst
Busk	○	Træ
Årlig	○	Toårig
Flerårig	○	Frøplante

Dato

Spiret

Plantet

Høstet

Lysniveau

Sol

Delvis sol

Skygge

Andre

Startet fra

Frø

Plante

Bedømmelse

Størrelse	○○○○○
Farve	○○○○○
Smag	○○○○○

Gødningsstoffer
og udstyr

Vandkrav

0%
mindre

Plejeanvisninger

Plantningsanvisninger

Yderligere
bemærkninger

Logbog for havebrug

Navn	Placering
Leverandør	Pris

Videnskabelig klasse

Vegetabilske	○	Frugt
Urt	○	Blomst
Busk	○	Træ
Årlig	○	Toårig
Flerårig	○	Frøplante

Dato	Lysniveau
Spiret	Sol
Plantet	Delvis sol
	Skygge
Høstet	Andre

Startet fra	Bedømmelse
Frø	Størrelse ○○○○○
Plante	Farve ○○○○○
	Smag ○○○○○

Gødningsstoffer og udstyr

Vandkrav

0%
mindre

Plejeanvisninger

Plantningsanvisninger

Yderligere bemærkninger

Logbog for havebrug

Navn	Placering

Leverandør	Pris

Videnskabelig klasse

Vegetabilske	○	Frugt
Urt	○	Blomst
Busk	○	Træ
Årlig	○	Toårig
Flerårig	○	Frøplante

Dato

Spiret

Plantet

Høstet

Lysniveau

Sol

Delvis sol

Skygge

Andre

Startet fra

Frø

Plante

Bedømmelse

Størrelse	○○○○○
Farve	○○○○○
Smag	○○○○○

Gødningsstoffer
og udstyr

Vandkrav

0%
mindre

Plejeanvisninger

Plantningsanvisninger

Yderligere
bemærkninger

Logbog for havebrug

| Navn | Placering |

| Leverandør | Pris |

Videnskabelig klasse

Vegetabilske	○	Frugt
Urt	○	Blomst
Busk	○	Træ
Årlig	○	Toårig
Flerårig	○	Frøplante

Dato

Spiret

Plantet

Høstet

Lysniveau

Sol

Delvis sol

Skygge

Andre

Startet fra

Frø

Plante

Bedømmelse

Størrelse ○○○○○

Farve ○○○○○

Smag ○○○○○

Gødningsstoffer
og udstyr

Vandkrav

0%
mindre

Plejeanvisninger

Plantningsanvisninger

Yderligere
bemærkninger

Logbog for havebrug

Navn	Placering
Leverandør	Pris

Videnskabelig klasse

Vegetabilske	○	Frugt
Urt	○	Blomst
Busk	○	Træ
Årlig	○	Toårig
Flerårig	○	Frøplante

Dato

Spiret	
Plantet	
Høstet	

Lysniveau

Sol
Delvis sol
Skygge
Andre

Startet fra

Frø
Plante

Bedømmelse

Størrelse	○○○○○
Farve	○○○○○
Smag	○○○○○

Gødningsstoffer og udstyr

Vandkrav

0%
mindre

Plejeanvisninger

Plantningsanvisninger

Yderligere bemærkninger

Logbog for havebrug

Navn		Placering	
Leverandør		Pris	

Videnskabelig klasse

Vegetabilske	○	Frugt
Urt	○	Blomst
Busk	○	Træ
Årlig	○	Toårig
Flerårig	○	Frøplante

Dato

Spiret

Plantet

Høstet

Lysniveau

Sol

Delvis sol

Skygge

Andre

Startet fra

Frø

Plante

Bedømmelse

Størrelse	○○○○○
Farve	○○○○○
Smag	○○○○○

Gødningsstoffer og udstyr

Vandkrav

0%
mindre

Plejeanvisninger

Plantningsanvisninger

Yderligere bemærkninger

Logbog for havebrug

Navn	Placering
Leverandør	Pris

Videnskabelig klasse

Vegetabilske	○	Frugt
Urt	○	Blomst
Busk	○	Træ
Årlig	○	Toårig
Flerårig	○	Frøplante

Dato

Spiret

Plantet

Høstet

Lysniveau

Sol

Delvis sol

Skygge

Andre

Startet fra

Frø

Plante

Bedømmelse

Størrelse	○○○○○
Farve	○○○○○
Smag	○○○○○

Gødningsstoffer
og udstyr

Vandkrav

0%
mindre

Plejeanvisninger

Plantningsanvisninger

Yderligere
bemærkninger

Logbog for havebrug

<table>
<tr><td>Navn</td><td>Placering</td></tr>
<tr><td>Leverandør</td><td>Pris</td></tr>
</table>

Videnskabelig klasse

Vegetabilske	○	Frugt
Urt	○	Blomst
Busk	○	Træ
Årlig	○	Toårig
Flerårig	○	Frøplante

Dato	Lysniveau
Spiret	Sol
Plantet	Delvis sol
	Skygge
Høstet	Andre

Startet fra	Bedømmelse
Frø	Størrelse ○○○○○
Plante	Farve ○○○○○
	Smag ○○○○○

Gødningsstoffer og udstyr

Vandkrav

0% mindre

Plejeanvisninger

Plantningsanvisninger

Yderligere bemærkninger

Logbog for havebrug

| Navn | | Placering | |
| Leverandør | | Pris | |

Videnskabelig klasse

Vegetabilske	○	Frugt
Urt	○	Blomst
Busk	○	Træ
Årlig	○	Toårig
Flerårig	○	Frøplante

Dato

Spiret

Plantet

Høstet

Lysniveau

Sol

Delvis sol

Skygge

Andre

Startet fra

Frø

Plante

Bedømmelse

Størrelse ○○○○○

Farve ○○○○○

Smag ○○○○○

Gødningsstoffer og udstyr

Vandkrav

0%
mindre

Plejeanvisninger

Plantningsanvisninger

Yderligere bemærkninger

Logbog for havebrug

Navn	Placering
Leverandør	Pris

Videnskabelig klasse

Vegetabilske	○	Frugt
Urt	○	Blomst
Busk	○	Træ
Årlig	○	Toårig
Flerårig	○	Frøplante

Dato

Spiret

Plantet

Høstet

Lysniveau

Sol

Delvis sol

Skygge

Andre

Startet fra

Frø

Plante

Bedømmelse

Størrelse	○○○○○
Farve	○○○○○
Smag	○○○○○

Gødningsstoffer
og udstyr

Vandkrav

0%
mindre

Plejeanvisninger

Plantningsanvisninger

Yderligere
bemærkninger

Logbog for havebrug

Navn		Placering

Leverandør		Pris

Videnskabelig klasse

Vegetabilske	○	Frugt
Urt	○	Blomst
Busk	○	Træ
Årlig	○	Toårig
Flerårig	○	Frøplante

Dato

Spiret

Plantet

Høstet

Lysniveau

Sol

Delvis sol

Skygge

Andre

Startet fra

Frø

Plante

Bedømmelse

Størrelse	○○○○○
Farve	○○○○○
Smag	○○○○○

Gødningsstoffer og udstyr

Vandkrav

0%
mindre

Plejeanvisninger

Plantningsanvisninger

Yderligere bemærkninger

Logbog for havebrug

Navn	Placering
Leverandør	Pris

Videnskabelig klasse

Vegetabilske	◯	Frugt
Urt	◯	Blomst
Busk	◯	Træ
Årlig	◯	Toårig
Flerårig	◯	Frøplante

Dato

Spiret

Plantet

Høstet

Lysniveau

Sol

Delvis sol

Skygge

Andre

Startet fra

Frø

Plante

Bedømmelse

Størrelse	◯◯◯◯◯
Farve	◯◯◯◯◯
Smag	◯◯◯◯◯

<table>
<tr><td>

Gødningsstoffer og udstyr

</td><td>

Vandkrav

0%
mindre

</td></tr>
<tr><td>

Plejeanvisninger

</td><td>

Plantningsanvisninger

</td></tr>
</table>

Yderligere bemærkninger

Logbog for havebrug

Navn	Placering

Leverandør	Pris

Videnskabelig klasse

Vegetabilske	○	Frugt
Urt	○	Blomst
Busk	○	Træ
Årlig	○	Toårig
Flerårig	○	Frøplante

Dato

Spiret

Plantet

Høstet

Lysniveau

Sol

Delvis sol

Skygge

Andre

Startet fra

Frø

Plante

Bedømmelse

Størrelse ○○○○○

Farve ○○○○○

Smag ○○○○○

Gødningsstoffer
og udstyr

Vandkrav

0%
mindre

Plejeanvisninger

Plantningsanvisninger

Yderligere
bemærkninger

Logbog for havebrug

Navn

Placering

Leverandør

Pris

Videnskabelig klasse

Vegetabilske	○	Frugt
Urt	○	Blomst
Busk	○	Træ
Årlig	○	Toårig
Flerårig	○	Frøplante

Dato

Spiret

Plantet

Høstet

Lysniveau

Sol

Delvis sol

Skygge

Andre

Startet fra

Frø

Plante

Bedømmelse

Størrelse ○○○○○

Farve ○○○○○

Smag ○○○○○

Gødningsstoffer
og udstyr

Vandkrav

0%
mindre

Plejeanvisninger

Plantningsanvisninger

Yderligere
bemærkninger

Logbog for havebrug

Navn	Placering
Leverandør	Pris

Videnskabelig klasse

Vegetabilske	○	Frugt
Urt	○	Blomst
Busk	○	Træ
Årlig	○	Toårig
Flerårig	○	Frøplante

Dato

Spiret

Plantet

Høstet

Lysniveau

Sol

Delvis sol

Skygge

Andre

Startet fra

Frø

Plante

Bedømmelse

Størrelse	○○○○○
Farve	○○○○○
Smag	○○○○○

Gødningsstoffer
og udstyr

Vandkrav

0%
mindre

Plejeanvisninger

Plantningsanvisninger

Yderligere
bemærkninger

Logbog for havebrug

Navn

Placering

Leverandør

Pris

Videnskabelig klasse

Vegetabilske	○	Frugt
Urt	○	Blomst
Busk	○	Træ
Årlig	○	Toårig
Flerårig	○	Frøplante

Dato

Spiret

Plantet

Høstet

Lysniveau

Sol

Delvis sol

Skygge

Andre

Startet fra

Frø

Plante

Bedømmelse

Størrelse ○○○○○

Farve ○○○○○

Smag ○○○○○

Gødningsstoffer
og udstyr

Vandkrav

0%
mindre

Plejeanvisninger

Plantningsanvisninger

Yderligere
bemærkninger

Logbog for havebrug

Navn	Placering
Leverandør	Pris

Videnskabelig klasse

Vegetabilske	○	Frugt
Urt	○	Blomst
Busk	○	Træ
Årlig	○	Toårig
Flerårig	○	Frøplante

Dato	Lysniveau
Spiret	Sol
Plantet	Delvis sol
	Skygge
Høstet	Andre

Startet fra	Bedømmelse
Frø	Størrelse ○○○○○
Plante	Farve ○○○○○
	Smag ○○○○○

Gødningsstoffer
og udstyr

Vandkrav

0%
mindre

Plejeanvisninger

Plantningsanvisninger

Yderligere
bemærkninger

Logbog for havebrug

Navn	Placering

Leverandør	Pris

Videnskabelig klasse

Vegetabilske	○	Frugt
Urt	○	Blomst
Busk	○	Træ
Årlig	○	Toårig
Flerårig	○	Frøplante

Dato

Spiret

Plantet

Høstet

Lysniveau

Sol

Delvis sol

Skygge

Andre

Startet fra

Frø

Plante

Bedømmelse

Størrelse	○○○○○
Farve	○○○○○
Smag	○○○○○

Gødningsstoffer
og udstyr

Vandkrav

0%
mindre

Plejeanvisninger

Plantningsanvisninger

Yderligere
bemærkninger

Logbog for havebrug

Navn		Placering
Leverandør		Pris

Videnskabelig klasse

Vegetabilske	○	Frugt
Urt	○	Blomst
Busk	○	Træ
Årlig	○	Toårig
Flerårig	○	Frøplante

Dato

Spiret

Plantet

Høstet

Lysniveau

Sol

Delvis sol

Skygge

Andre

Startet fra

Frø

Plante

Bedømmelse

Størrelse	○○○○○
Farve	○○○○○
Smag	○○○○○

<table>
<tr><td>

Gødningsstoffer og udstyr

</td><td>

Vandkrav

0%
mindre

</td></tr>
<tr><td>

Plejeanvisninger

</td><td>

Plantningsanvisninger

</td></tr>
</table>

Yderligere bemærkninger

Logbog for havebrug

Navn

Placering

Leverandør

Pris

Videnskabelig klasse

Vegetabilske	○	Frugt
Urt	○	Blomst
Busk	○	Træ
Årlig	○	Toårig
Flerårig	○	Frøplante

Dato

Spiret

Plantet

Høstet

Lysniveau

Sol

Delvis sol

Skygge

Andre

Startet fra

Frø

Plante

Bedømmelse

Størrelse ○○○○○

Farve ○○○○○

Smag ○○○○○

Gødningsstoffer og udstyr

Vandkrav

0%
mindre

Plejeanvisninger

Plantningsanvisninger

Yderligere bemærkninger

Logbog for havebrug

Navn	Placering

Leverandør	Pris

Videnskabelig klasse

Vegetabilske	○	Frugt
Urt	○	Blomst
Busk	○	Træ
Årlig	○	Toårig
Flerårig	○	Frøplante

Dato

Spiret

Plantet

Høstet

Lysniveau

Sol

Delvis sol

Skygge

Andre

Startet fra

Frø

Plante

Bedømmelse

Størrelse ○○○○○

Farve ○○○○○

Smag ○○○○○

Gødningsstoffer
og udstyr

Vandkrav

0%
mindre

Plejeanvisninger

Plantningsanvisninger

Yderligere
bemærkninger

Logbog for havebrug

Navn	Placering

Leverandør	Pris

Videnskabelig klasse

Vegetabilske	○	Frugt
Urt	○	Blomst
Busk	○	Træ
Årlig	○	Toårig
Flerårig	○	Frøplante

Dato

Spiret

Plantet

Høstet

Lysniveau

Sol

Delvis sol

Skygge

Andre

Startet fra

Frø

Plante

Bedømmelse

Størrelse	○○○○○
Farve	○○○○○
Smag	○○○○○

Gødningsstoffer
og udstyr
Vandkrav
0%
mindre
Plejeanvisninger
Plantningsanvisninger
Yderligere
bemærkninger

Logbog for havebrug

Navn	Placering
Leverandør	Pris

Videnskabelig klasse

Vegetabilske	○	Frugt
Urt	○	Blomst
Busk	○	Træ
Årlig	○	Toårig
Flerårig	○	Frøplante

Dato

Spiret

Plantet

Høstet

Lysniveau

Sol

Delvis sol

Skygge

Andre

Startet fra

Frø

Plante

Bedømmelse

Størrelse ○○○○○

Farve ○○○○○

Smag ○○○○○

Gødningsstoffer og udstyr

Vandkrav

0%
mindre

Plejeanvisninger

Plantningsanvisninger

Yderligere bemærkninger

Logbog for havebrug

Navn	Placering
Leverandør	Pris

Videnskabelig klasse

Vegetabilske	○	Frugt
Urt	○	Blomst
Busk	○	Træ
Årlig	○	Toårig
Flerårig	○	Frøplante

Dato

Spiret

Plantet

Høstet

Lysniveau

Sol

Delvis sol

Skygge

Andre

Startet fra

Frø

Plante

Bedømmelse

Størrelse ○○○○○

Farve ○○○○○

Smag ○○○○○

Gødningsstoffer
og udstyr

Vandkrav

0%
mindre

Plejeanvisninger

Plantningsanvisninger

Yderligere
bemærkninger

Logbog for havebrug

Navn

Placering

Leverandør

Pris

Videnskabelig klasse

Vegetabilske	○	Frugt
Urt	○	Blomst
Busk	○	Træ
Årlig	○	Toårig
Flerårig	○	Frøplante

Dato

Spiret

Plantet

Høstet

Lysniveau

Sol

Delvis sol

Skygge

Andre

Startet fra

Frø

Plante

Bedømmelse

Størrelse ○○○○○

Farve ○○○○○

Smag ○○○○○

Gødningsstoffer og udstyr

Vandkrav

0%
mindre

Plejeanvisninger

Plantningsanvisninger

Yderligere bemærkninger

Logbog for havebrug

Navn	Placering

Leverandør	Pris

Videnskabelig klasse

Vegetabilske	○	Frugt
Urt	○	Blomst
Busk	○	Træ
Årlig	○	Toårig
Flerårig	○	Frøplante

Dato

Spiret

Plantet

Høstet

Lysniveau

Sol

Delvis sol

Skygge

Andre

Startet fra

Frø

Plante

Bedømmelse

Størrelse	○○○○○
Farve	○○○○○
Smag	○○○○○

Gødningsstoffer
og udstyr

Vandkrav

0%
mindre

Plejeanvisninger

Plantningsanvisninger

Yderligere
bemærkninger

Logbog for havebrug

Navn	Placering

Leverandør	Pris

Videnskabelig klasse

Vegetabilske	○	Frugt
Urt	○	Blomst
Busk	○	Træ
Årlig	○	Toårig
Flerårig	○	Frøplante

Dato

Spiret

Plantet

Høstet

Startet fra

Frø

Plante

Lysniveau

Sol

Delvis sol

Skygge

Andre

Bedømmelse

Størrelse	○○○○○
Farve	○○○○○
Smag	○○○○○

Gødningsstoffer
og udstyr

Vandkrav

0%
mindre

Plejeanvisninger

Plantningsanvisninger

Yderligere
bemærkninger

Logbog for havebrug

Navn	Placering
Leverandør	Pris

Videnskabelig klasse

Vegetabilske	○	Frugt
Urt	○	Blomst
Busk	○	Træ
Årlig	○	Toårig
Flerårig	○	Frøplante

Dato

Spiret

Plantet

Høstet

Lysniveau

Sol

Delvis sol

Skygge

Andre

Startet fra

Frø

Plante

Bedømmelse

Størrelse	○○○○○
Farve	○○○○○
Smag	○○○○○

Gødningsstoffer
og udstyr

Vandkrav

0%
mindre

Plejeanvisninger

Plantningsanvisninger

Yderligere
bemærkninger

www.ingramcontent.com/pod-product-compliance
Lightning Source LLC
LaVergne TN
LVHW010545200726
843506LV00013B/2932